Lecker Regionen

Provence

REZEPTE
Christian Etienne

FOTOGRAFIEN UND STYLING
Sébastien Merdrignac

Editions OUEST-FRANCE

KICHERERBSENPÜREE MIT PAPRIKA

Für 6 Bis 8 Personen

250 g Kichererbsen, im Wasser gegart
2 oder 3 Knoblauchzehen
Saft von 2 Zitronen
1 Esslöffel Olivenöl
Prise Paprika
1 Esslöffel Petersilie
Geflügelbrühe
Sesam
Cayennepfeffer nach Geschmack
Salz

• Die gekochten Kichererbsen mit einer Gemüsemühle zermahlen. Zitronensaft, zerdrückten Knoblauch, Gewürze und Geflügelbrühe untermischen. Das Püree darf nicht zu fest sein.
• Bei schwacher Hitze erwärmen.
• In einer großen Schüssel mit Paprika und gehacktem Petersilie bestreut anrichten.
• Mit dem Olivenöl begießen und mit gerösteten Sesamsamen bestreuen.

Dieses Gericht ist als Appetitanreger geeignet, der zum Aperitif - mit geröste- ten Brotscheiben und einem guten Weißwein - gereicht wird.

TAPENADE

Für 6 Bis 8 Personen

200 g schwarze Olivenpaste
50 g Anchovisfilets
50 g in Öl eingelegter Thunfisch
100 g Essig-Kapern
1 bis 2 Löffel Olivenöl je nach Konsistenz

• Die Zutaten im Mörser zu einer feinen Paste zerstoßen.
• Zuletzt das Olivenöl zugeben.
• In einer gut geschlossenen Schüssel aufbewahren.

ANCHOVIS, IN WEIN MARINIERT

60 frische, filetierte Anchovis
Banyuls Süßwein

• Die Anchovis 1 Stunde mit grobem Salz bedecken, anschließend gut abspülen.
• Einen Tag lang in Banyuls-Wein marinieren, anschließend abtropfen lassen und in Olivenöl einlegen.

ANCHOVIS, MIT ZITRONE : UND KRÄUTERN MARINIERT

Anchovis oder Sardinen
Saft von 1 Zitrone
Olivenöl
Petersilie
Kerbel
Schnittlauch
Salz, Pfeffer

• Die noch ganz frischen Anchovis filetieren und auf einer Platte dekorativ anrichten. Salzen, pfeffern und mit Zitronensaft beträufeln.
• Den Zitronensaft einige Minuten einziehen lassen, dann die Anchovis mit einem guten Olivenöl übergießen.
• Petersilie, Kerbel und Schnittlauch fein hacken und hinzufügen.

Das Rezept enthält keine Mengenangaben, da man so viel zubereitet, wie verzehrt werden kann; dazu werden einige Scheiben geröstetes Landbrot, die noch warm sein dürfen, gereicht. Ein erstklassiger Appetitanreger.
Sardinen können auf die gleiche Weise zubereitet werden.

SUPPE MIT PISTOU

Für 6 Personen

100 g dicke grüne Bohnen,
100 g weiße Bohnen (Coco-Bohnen)
2 bis 3 Zucchini
100 g Karotten
50 g Kartoffeln
100 g dicke Fadennudeln
4 sehr reife Tomaten
5 Knoblauchzehen
1 Bund Basilikum
75 g Parmesan
25 cl Olivenöl
2,5 l Wasser

• Die grünen Bohnen putzen, die Fäden abziehen und in Stücke schneiden. Die Zucchini würfeln.
• Die grünen Bohnen und die weißen Coco-Bohnen in 2,5 l Salzwasser mit Pfeffer garen. Nach 15 min Karotten und Kartoffeln hinzufügen.
• Nach weiteren 15 min die Zucchiniwürfel zugeben.
• 15 min kochen lassen, dann die Fadennudeln in die Suppe geben.
• Das Tomatenfleisch mit den geschälten Knoblauchzehen, dem Parmesan und den Basilikumblättern zerdrücken, mit etwas Olivenöl strecken.
• In die kochende Suppe gießen.
• Diese Suppe, die ursprünglich aus Genua stammt, wird heut- zutage im Herbst warm und im Sommer als Kaltschale serviert.
Sie ist, je nach Menge der Tomaten, die sie beinhaltet, mehr oder minder erfrischend.
Oft läßt man auch die Schwarte vom Schinkenspeck mitkochen, Reste aus unserer Speisekammer, die manchmal ein bißchen ranzig sein können.

Es empfiehlt sich, zur Suppe nichts anderes zu trinken, als diesen phantastischen Sud selbst.

FISCHSUPPE

Für 6 Personen

3 kg Klippfisch (Meeraal, Seeteufel, Seebarsch etc.)
1 Lauch
1 Fenchelknolle
3 Knoblauchzwiebeln (halbiert)
1 Zwiebel
250 g Tomatenkonzentrat
2 g Safran
Thymian
Lorbeer

• Das gesamte Gemüse ohne Bräunung leicht andünsten.
• Die Fische, das Tomatenkonzentrat und den Safran hinzufügen. Gut umrüh- ren, bis der Fisch zerfallen ist.
• Mit Wasser aufgießen, bis die Zutaten bedeckt sind. Thymian und Lorbeer hinzufügen. 2 Stunden bei mäßiger Hitze kochen lassen.
• Anschließend durch ein Sieb (nicht zu fein) passieren.
• Mit Salz und Pfeffer nachwürzen und warmhalten. Es müssen mindestens 5 Liter Bouillon zurückbleiben.
• Mit gerösteten Croutons und ein wenig „Rouille“ (scharfe Knoblauch-Mayonnaise) servieren.

Manche fügen auch gerne noch etwas geriebenen Gruyere hinzu, aber ich gestehe, ich bin nicht dafür.
Diese Suppe benötigt etwas mehr Zeit für die Zubereitung, aber sie ist wirklich köstlich !
Bei Ihrem Fischhändler erhalten Sie mehrere kleine Fischsorten für dieses Rezept.
Es gibt verschiedene Fischsuppen: die graue Fischsuppe oder Chalut, die nicht so teuer, aber auch geschmacklich nicht so gut ist, und die rote Suppe oder Roche, die mit kleinen roten Fischen zubereitet wird. Diese ist ausgezeichnet.

MIESMUSCHELSUPPE MIT SAFRAN

Für 10 Personen

4 kg Miesmuscheln
50 cl Weißwein
2 fein gehackte Karotten
1 fein gehackte Zwiebel 2 Knoblauchzehen
1 Tomate
1 g Safran
Pfeffer, Thymian, Lorbeer, Olivenöl

• Die Muscheln gründlich reinigen. Anschließend mit dem Wein, Thymian und Lorbeer abkochen, damit sich die Muscheln öffnen. Nicht zu lange kochen, das Muschelfleisch wird sonst gummiartig und trocken.
• Das Muschelfleisch aus der Schale nehmen und in einer Suppenschüssel zur Seite stellen.
• Den Sud passieren und dabei darauf achten, dass kein Sand zurückbleibt (der sich oft auf dem Boden des Kochtopfs ablagert).
• Karottenund Zwiebel in einen Topf geben, in welchem das Olivenöl zuvor erhitzt wurde Wenn sie gut angedünstet sind, den fein gehackten Knoblauch und zuletzt die Tomate und den Safran hinzufügen.
• Den Muschelsud kosten. Wenn er nicht zu salzig ist, kurz aufkochen lassen und heiß über die Muscheln gießen. Wenn der Sud zu salzig ist, mit etwas Wasser verdünnen. f Dazu können geröstete, mit Knoblauch abgeriebene Croutons oder „Rouille“ (scharfe Knoblauch-Mayonnaise) gereicht werden.

Die bei uns verwendeten Muscheln stammen oft aus dem Thau-See. Dieses Rezept kann auch mit der Bouchot-Muschel zubereitet werden, die kleiner und meistens fleischiger ist.

LINSENCREMESUPPE

Für 10 Personen

300 g grüne Linsen
1 Karotte
1 Zwiebel
2 Knoblauchzehen

100 g „Petit Salé"
(Pökelschweinefleisch), in große Würfel geschnitten
25 cl geschlagene Sahne Olivenöl

- Die Pökelfleischwürfel mit etwas Olivenöl anschwitzen. Wenn sie gut angebra- ten sind, die Linsen hinzufügen, mit 2,5 Liter Wasser auffüllen und das Gemüse hinzugeben.
- EineguteStundenkochenlassen. DieKarotte,dieZwiebelunddieFleischwürfel herausnehmen und die Linsenbrühe durch die Kartoffelpresse passieren. Einige Tropfen Olivenöl hinzufügen.
- Kurz vor dem Servieren die geschlagene Sahne hinzufügen und alles gut durchmixen, um eine glatte Creme herzustellen.
- Diese Suppe schmeckt auch kalt sehr gut. Sie hat durch das Olivenöl einen besonders feinen und aromatischen Geschmack.

Wir verwenden bei uns die von meinem Freund Régis Marcon - einem in dieser Region sehr bekannten Koch - bevorzugte grüne Puy-Linse. Bei uns in der Provence wurden die Linsen immer mit einem Stück „Petit Salé" und viel Wasser gekocht. Der Kochsud diente als klare Suppe, die mit trockenem Brot gegessen wurde, und die Linsen wurden entweder als Salat oder warm mit dem „Petit Salé" verzehrt. Dieses Gericht reichte für eine ganze Woche. Dieses Rezept wird in meinem Restaurant im Winter angeboten.

STOCKFISCHPÜREE MIT KNOBLAUCHCROUTONS

Für 6 Personen

1 kg gesalzener Stockfisch
1 kg Kabeljau
1 Liter Milch
1 Liter Olivenöl
1 Knoblauchzwiebel
1 Baguette
150 g Trüffel
Salz, Pfeffer

• Den Stockfisch am Vorabend wässern. Mit dem frischen Kabeljau in der Milch pochieren und anschließend mit Olivenöl aufschlagen. Abtropfen lassen.
• Den Fisch im Kochtopf am Herdrand mit einem Kochlöffel kräftig rühren und das Olivenöl untermengen, bis ein homogenes Püree entstanden ist.
• Zuletzt den pürierten Knoblauch und den in Juliennestreifen geschnittenen Trüffel untermischen. Nachwürzen (Vorsicht mit Salz).
• Die gerösteten Baguettescheiben damit bestreichen.
• Das Stockfischpüree zählt zu den bekanntesten Spezialitäten von Nîmes. Man erzählt, dass früher die Bewohner von Nîmes Salz mit den Matrosen tauschten und den Stockfisch in den Behältern der Wasserspülung entsalzten.

WILDFLEISCHKLÖSSCHEN

Für 10 Personen

500 g Wildfleisch (die billigeren Fleischstücke, z. B. vom Wildschwein u. der Waldschnepfe, sind dafür gut geeignet)
200 g gekochten Spinat
50 g gekochten Sauerampfer
100 g Zwiebel
150 bis 200 g Schweinenetz
5 Wacholderbeeren Knoblauch
Thymian
Lorbeer
Salbei
1 Liter heller Fond

• Das Wildfleisch in kleine Würfel schneiden und - wie bei einem Wildragout - lange kochen, um eine recht trockene Füllung zu erhalten.
• Aus dem Spinat, den fein gehackten und gekochten Zwiebeln, Knoblauch, Thymian und Sauerampfer sowie dem durchgedrehten Wildfleisch und den zers- toßenen Wacholderbeeren eine Füllung herstellen.
• Kleine Kugeln von ca. 30 g formen und in das Schweinenetz wickeln.
• In eine ofenfeste Form geben und zur Hälfte mit dem hellen Fond aufgießen.
• Salbeiblätter und Lorbeer darüber geben und eine gute Stunde bei schwacher
• Hitze bei 140 °C (Thermostat 4-5) garen.

KRÄUTERKLÖSSE

Für 10 Personen

400 g gekochten Spinat
400 g gekochten Mangold
(nur die grünen Teile)
50 g gekochten Sauerampfer
100 g fein gehackte und gekochte Zwiebel
3 zerdrückte Knoblauchzehen
100 g fetten Speck, fein gehackt
200 g gut gereinigtes Schweinenetz
Thymian
Lorbeer
Salbei
1 Liter heller Fond oder Hühnerbrühe

• Alle Zutaten in einer ausreichend großen Schüssel vermischen. Gut mit Salz und Pfeffer würzen.
• Kugeln von ca. 110 g formen und in das Schweinenetz wickeln. In eine ofen- feste Schüssel geben. Bis zur Hälfte mit dem hellen Fond aufgießen.
• Thymian, Lorbeer und Salbei darüber streuen und 2 Stunden beischwacher Hitze bei 130 bis 140 °C (Thermostat 4-5) garen.

TOMATENTARTAR MIT KRÄUTEN, ROHEN SCHALOTTEN, UND OLIVENÖL- VINAIGRETTE

Für 6 Personen

10 schöne Tomaten
1 Schalotte
1 Bund Basilikum
Mausanne-Olivenöl
Salz
Pfeffer aus der Mühle
Balsamico-Essig

• Tomaten häuten, vierteln und entkernen. Die Tomaten mit einem Gewicht beschweren und solange wie möglich aus- drücken. In Olivenöl wieder aufweichen.
• Mit Salz und Pfeffer abschmecken. Gehacktes Basilikum, die feingewürfelte Schalotte und einige Tropfen Balsamico-Essig untermischen.
• In runde Formen füllen und kurz vorm Servieren mit Olivenöl beträufeln.

• Es handelt sich um eine sehr einfache Vor-speise. Indem man die Tomaten über Nacht abtropfen läßt, entzieht man ihnen den Wasserüberschuß. Indem man sie dann in gutem Olivenöl wieder einweicht, steigert man noch ihren angenehmen, zarten Geschmack, vor allem, wenn die Tomaten schön reif und aromatisch sind.

Ich empfehle dazu einen Côtes-du-Rhône 100 % Viognier von Monsieur Français (Château Saint- Estève d'Uchaux).

SARDINEN-TARTE MIT GEBACKENEN TOMATEN

Für 6 Personen

1 runde Backform
30 cm Durchmesser
500 g ganz frische Sardinen
300 g Blätterteig
Thymianblüten, Olivenöl
Salz, Pfeffer

Gebackene Tomaten :
300 g Tomaten
Thymianblüten
Zucker Knoblauchzehen
Olivenöl

• Die Backform mit dem Blätterteig auslegen. Mit Bohnen blindbacken, damit er nicht zu hoch wird. Vollständig durchbacken, er muss eine schöne goldbraune Farbe haben.
• In der Zwischenzeit die Sardinen filetieren. Auf einem Tuch gut abtropfen lassen.
• Wenn der Tortenboden fertig gebacken ist, etwas abkühlen lassen und die gebackenen Tomaten auf den Teig legen. Die Sardinen rosettenartig, mit dem Schwanz nach oben anordnen,
• Salzen, pfeffern, mit Thymianblüten bestreuen, mit Olivenöl beträufeln und im heißen Backofen bei 170 - 180 °C (Thermostat 5-6) 10 Minuten garen.
• Zubereitung der gebackenen Tomaten
• Nach Möglichkeit Roma-Tomaten verwenden. Sie müssen schön rot und reif, aber nicht zu reif sein. Halbieren, die Kerne entfernen und nicht zu eng neben- einander auf ein Backblech legen.
• Salzen, pfeffern, mit einer Prise Zucker bestreuen, mit etwas Thymianblüte aromatisieren und mit einigen zerdrückten Knoblauchzehen würzen.
• Mit Olivenöl beträufeln und 4 Stunden bei 100 °C (Thermostat 3-4) in den f Backofen stellen.
• Einige Tage kühl aufbewahren.

Die Sardinen-Tarte heiß mit einem Glas Laudun-Weißwein aus dem Weinkeller Quatre-Chemins servieren. Ein echtes Vergnügen. Sie können gerne auch ein wenig mehr zube- reiten, denn - wenn ein Rest bleibt - ist dieser kalt verzehrt ebenfalls köstlich.
Auch gegrillt und mit einer Senfsoße schmecken die Sardinen ausgezeichnet. Es wird jedoch empfohlen, dieses Rezept im Freien zuzubereiten, denn im Haus ist der Geruch der gegrillten Sardinen sicher nicht sehr angenehm.
Bei uns werden die Sardinen von den Fischern, ohne sie vorher auszunehmen, nur unter einem Wasserstrahl abgespült und dann gegrillt. Sie werden abge- schuppt, und da nur der Rücken verzehrt wird, hinterlassen die Innereien ein sehr angenehmes Aroma und einen feinen Geschmack.

GEFLÜGELLEBER-FLAN

Für 6 Bis 8 Personen

200 g Geflügelleber
6 Eier
1 Liter flüssige Sahne
2 graue Schalotten
1 Knoblauchzehe Muskat
Salz
Pfeffer

• Alle Zutaten im Mixer vermischen. Darauf achten, dass sich die Leber nicht durch zu langes Mixen erwärmt und zu viel Sauerstoff erhält - lieber mehrmals kurz mixen.
• Mit 10 g Salz, 3 g Pfeffer und wenig frisch geriebener Muskatnuss würzen. Anschließend durch ein feines Sieb passieren. Die Masse ist flüssig.
• Dariol-Formen leicht mit Butter einfetten. Mit der Masse füllen und im Wasserbad bei 180 °C (Thermostat 6) 2 Stunden garen.
• Abkühlen lassen und drei Tage im Kühlschrank aufbewahren. Diese Zeit ist notwendig, damit sich die Aromen verbinden und verfeinern.

MEERARBE MIT SCHWARSEM OLIVEN- COULIS

Für 6 Personen

6 Meerbarben von
200 bis 300 g
300 g schwarze Oliven
25 cl Noilly
25 cl Crème fraîche,
200 g Butter, Olivenöl
Die Meerbarbe mit schwarzem Oliven-Coulis

• Die Meerbarben filieren und die Gräten entfernen.
Die Oliven blanchieren und sie mit dem Nouilly und ein bißchen Crème fraîche garen. Pürieren.
• Durch ein Spitzsieb streichen und mit der Butter binden.
• Die Meerbarbenfilets auf großer Flamme kräftig in Olivenöl braten.
• Die Schwierigkeit bei diesem Rezepts beruht auf dem Problem, die Meerbarben so zu filieren, daß schöne Filets dabei herauskommen. Wenn Sie mit guten Freunden zu essen beabsichtigen und aus diesem Anlaß die Finger beim Essen benutzen dürfen, dann tun Sie sich keinen Zwang an, lassen Sie die Gräten im Fisch und genießen Sie einfach.
• Für die Sauce empfiehlt es sich, griechische Oliven zu wählen, da sie weniger fett sind als die von Nyon.

Als Getränk empfehle ich einen Weißwein aus dem Luberon, Château La Verrerie oder Val Joanis.

DRACHENKOPF MIT KARTOFFELGRATIN

Für 6 Personen

6 Drachenkopf-Filets (je 100 bis 120 g)
6 schöne Kartoffeln mit festem Fleisch (120 bis 150 g pro Person)
100 g schwarze Oliven ohne Kern
200 g gewürfelte rohe Tomaten
1 Zwiebel
5 Knoblauchzehen
Olivenöl
Fischbrühe
Mehl
Thymian
Lorbeer
Salz, Pfeffer

• In einer großen flachen Auflaufform oder auf einem Backblech die in dünne Scheiben geschnittene Zwiebel in etwas Olivenöl anschwitzen, bis sie fast Farbe annehmen.
• In der Zwischenzeit die Kartoffeln sehr fein schneiden (etwas dicker als Chips) und die Drachenkopf-Filets mit Mehl bestäuben.
• Sie rasch in einer sehr heißen Pfanne anbraten, damit sie Farbe bekommen, wobei sie aber keinesfalls durchbraten dürfen. Auf das Blech legen.
• Tomaten, die Hälfte der Oliven, Kartoffeln, Thymian, Lorbeer und zerdrückte Knoblauchzehen in einer Salatschüssel mischen. Die Drachenköpfe mit dieser Mischung bedecken, ähnlich wie bei Bäckerinnenkartoffeln. Die Kartoffeln gleichmäßig darauf verteilen und anschließend die Fischbrühe angießen, bis alles bedeckt ist. Die restlichen Oliven darauf verteilen.
• In den 180°C(Thermostat 6) heißen Ofen chieben und 30 bis 40 Minuten garen lassen. Eine Kartoffel zerdrücken um zu prüfen, ob das Gericht fertig ist.
• Heiß servieren und dazu einen trockenen, weißen Côtes-du-Rhône reichen.

Der Drachenkopf ist ein Fisch mit sehr viel Geschmack.Ich empfehle Ihnen, nur die Filets zu kaufen, da der Fisch einen sehr großen Kopf hat, was viel Verlust bedeutet.
Mit dem Kopf und den Gräten lässt sich allerdings eine Brühe herstellen, mit der man beispielsweise ein Gratin angießen kann.

GEGRILLTER THUNFISCH AUF GEBRATENEM PAPRIKA-MIX

Für 6 Personen

6 viereckige Thunfischstücke
1 rote Paprika
1 gelbe Paprika
1 grüne Paprika
1 große, fein gehackte Zwiebel
1 Knoblauchzehe
Balsamico-Essig
Olivenöl
Salz

• Die Paprika in feine Würfel schneiden und in Salzwasser blanchieren.
• Die Zwiebeln mit etwas Olivenöl anschwitzen, die Paprika und den zerdrückten Knoblauch hinzugeben. Leicht anbräunen.
• Die Thunfischstücke grillen. Achten Sie darauf,dass der Thunfisch nicht zu stark
• durchgart, da er schnell trocken wird. Den Fisch auf dem Paprika-Kompott
• anrichten.
• Das Ganze mit einer Vinaigrette übergießen.

Hierzu mundet hervorragend ein guter Tavel aus dem Hause Roudil.
Thunfisch wird auch als Steak der Meere bezeichnet.Er erinnert in der Tat eher an Fleisch als an Fisch. Hier ist ausschließlich von rotem Thunfisch die Rede. Lassen Sie sich von Ihrem Fischhändler schöne, 3 bis 4 cm dicke Stücke zurecht- schneiden, die je nach Appetit zwischen 130 und 150 g wiegen sollten.

BOUILLABAISSE

Für 10 Personen

Fischsuppe
3 kg rote Suppe
1 Stange Porree
1 Fenchelknolle
3 Knoblauchknollen (halbiert)
1 Zwiebel
250 g Tomatenmark
2 g Safran, Thymian
Lorbeer

Fisch
5 mittelgroße Rote Meerbarben
(200 g pro Fisch)
2 Sankt-Peters-Fisch- Filets (500 g pro Filet)
in 10 Portionen zerlegt
5 Queisen (jeweils 100 g), 1 kleiner Meeraal
(in ca. 80 g schwere Abschnitte zerlegt),
5 mittelgroße Meersäue (jeweils 200 g),
5 Knurrhähne (200 g pro Fisch)

Rouille (scharfe Pfeffersauce)
2 Eigelb
50 cl Olivenöl
3 Knoblauchzehen
Paprika
Safran, Cayenne-Pfeffer

Verschiedenes
200 g geriebener Käse
1 Baguette für geröstete Brotwürfel
Einige in Wasser gedünstete und mit Safran gewürzte Rate-Kartoffeln als Garnitur.

Fischsuppe
• Alles Gemüse andünsten aber nicht bräunen. Fisch (rote Suppe), Tomatenmark und Safran zugeben. Gut durchrühren, bis der Fisch zerfällt.
• Mit Wasser auffüllen.
• 3 Stunden leise köcheln lassen. Dann durch ein (nicht zu feinmaschiges) Spitzsieb seihen.
• Mit Salz und Pfeffer abschmecken und warm stellen. Es müssen mindestens 5 Liter Bouillon übrigbleiben.

Fisch
• Drei bauchige Bräter bereitstellen. Im ersten die Knurrhähne und die Queisen auslegen. In den zweiten Bräter kommen die Meersäue und die Meerbarben. Der dritte Bräter beinhaltet den Meeraal und den Sankt-Peters-Fisch.
• Den Fisch mit Olivenöl beträufeln und mit feinem Salz bestreuen.
• Anschließend den Fisch mit der Boullion eben bedecken und garen. Sobald er gar ist, warm stellen.

Rouille (scharfe Pfeffersauce)
• Den Knoblauch fein zerdrücken, mit dem Eigelb und jeweils einer Messerspitze Safran, Paprika, Salz und Cayenne-Pfeffer vermengen.
• Das Olivenöl unter ständigem Rühren, wie bei der Zubereitung einer Mayonnaise, beimischen.
• Mit einem Eßlöffel leicht eingekochter Fischsuppe strecken.
• Verschiedenes
• Zunächst die restliche Suppe mit den Brotwürfeln, dem Käse und der Rouille reichen.
• Dann, im zweiten Schritt, alle, auf einer Platte angerichte- ten Fische mit ein wenig Bouillon servieren.

PROVENZALISCHE SUPIONS MIT STEINPILZFARCE

Für 4 Bis 6 Personen

200 bis 300 g provenzalische Supions (kleine Tintenfische)
500 g Steinpilze
20 g Steinpilzpulver
500 g Champignons
3 Schalotten
2 Knoblauchzehen
10 g frische Petersilie
Olivenöl
Salz, Pfeffer

• Die Tintenfische mit Steinpilzen zu füllen ist eine besonders leckere Art der Zubereitung.
• Die Steinpilze in kleine Würfel schneiden und in gesalzenem und gepfeffertem Öl braten. In einem Sieb abtropfen lassen.
• Aus den (fein gehackten) Champignons eine Duxelles zubereiten.
• Die fein gehackten Schalotten mit etwas Olivenöl in einer Schmorpfanne anbraten. Sobald sie schön braun sind, die Champignons zugeben und schmoren, bis die Flüssigkeit verdampft ist.
• Abkühlen lassen und Steinpilze, Duxelles, Steinpilzpulver, fein gehackten Knoblauch und Petersilie untermischen.
• Die fertige Farce zum Schluss noch einmal abschmecken.
• Die kleinen Tintenfische reinigen. Am Kopf ziehen, damit die Eingeweide und die Arme herauskommen und mit reichlich klarem Wasser abspülen. Abtropfen und auf einer Platte leicht trocknen lassen.
• Die Arme in Höhe der Augen (die entfernt werden) abschneiden und grob hacken. Die Arme in der Pfanne braten und unter die Farce mischen.
• Die Tintenfische mit Hilfe eines Spritzbeutels füllen und mit einem Zahnstocher verschließen. In eine heiße Pfanne geben und rundum anbräunen. Dann für einige Minuten in den heißen Ofen stellen.

Sie können pur mit einem kleinen Salat und einer guten Gewürz-Vinaigrette, oder mit einem Krabbenpüree und etwas gehobeltem Parmesan serviert werden.
Der Supion ist ein kleiner Tintenfisch, der als Vor- und Hauptspeise bemer- kenswert ist.
Ihn küchenfertig zu machen, ist allerdings etwas aufwändig.

PANIERTE MEERESKEULE MIT AÏOLI

Für 2 Personen

1 Schwanzstück vom Seeteufel,
ca 800 g bis 1 kg
300 g Semmelbrösel
20 g Thymianblüten
Olivenöl
6 Knoblauchzehen
2 Eier
100 g Butter

• Den im Handel als Forellenstör, Karbonadenfisch oder Lotte bezeich- neten Seeteufel (auch Anglerfisch) kräftig putzen, mit einigen Knoblauchzehen spicken und in den mit den Thymianblüten vermis- chten Semmelbröseln wenden.
• Bei milder Hitze in Olivenöl garen
• Im Backofen bei 180°C braten, dabei häufig mit Olivenöl und flüssi- ger Butter begießen.
• Den Knoblauch mit einer Prise grobem Salz in einem Mörser zerstoßen.
• Sobald die Masse geschmeidig ist, die Eigelb zufügen.
• Das Olivenöl nach und nach einarbeiten.
• Solange weiterrühren, bis die gewünschte Menge erzielt wird.
• Den Seeteufel aus der Röhre ziehen, anrichten. Die Aïoli-Sauce wird gesondert gereicht.

Man kann dieses Gericht auch aus kleineren Schwanzstücken zuberei- ten, die lediglich 150 bis 200 g wiegen. Dabei muß man ein Schwanzstück pro Person rechnen. Zu diesem Fischgericht können zudem alle gekoch- ten Gemüse wie Kartoffeln, Karotten und Sellerie gereicht werden.
Ich empfehle Ihnen zu diesem Rezept einen weißen Côte- du-Rhône Villages (ein 2 Jahre alter Jahrgangs-Wein), Château Saint-Roch von Monsieur Verda (Laudun).

HERZHAFTER KANINCHENTOPF

Für 6 Bis 8 Personen

Kaninchen (Rücken und Keulen)
10 Knoblauchzehen, ungeschält
200 g kandierte Tomaten
5 Artischockenböden, in acht Teile geteilt
Thymian
Lorbeerblatt
Salbei
Olivenöl
Salz
Pfeffer

• Den Ofen auf 200 bis 210°C vorheizen.
• Das Kaninchen in eine für das Fleisch und Gemüse ausrei- chend große Form legen. Das Fleisch großzügig mit Olivenöl begießen und 5 bis 10 Minuten im Ofen von allen Seiten gold- braun werden lassen.
• Das Kaninchen in Aluminiumfolie einwickeln, damit es saftig bleibt. Knoblauchzehen, Artischockenböden und Gewürze hin- zufügen und im Ofen bei niedriger Temperatur weiter garen las- sen. Von Zeit zu Zeit die Gewürze mischen und das Fleisch wen- den, damit sich das Aroma voll entfaltet.
• Nach weiteren 5 bis 10 Minuten das Kaninchen herausneh- men und abkühlen lassen. Sobald die Knoblauchzehen und Artischockenböden gar sind, diese herausnehmen und entfetten.
• Den Bratensud mit etwas Wasser anrühren und Tomaten, Knoblauchzehen und Artischockenböden hinzufügen.
• Den Kaninchenrücken in vier, die Keulen in zwei Teile teilen und heiß servieren.

KANINCHEN- RÜCKEN MIT PISTOU

Für 6 Personen

3 ausgelöste, gesalzene und gepfefferte Kaninchenrücken, die in ihren "Panoufles" mit einem Zweig Rosmarin gewendet werden,
1 Zwiebel
10 Blätter Basilikum
4 Knoblauchzehen
25 cl Weißwein
2 Koriandersamen
1 Bouquet garni
[Kräuterstrauß beste- hend aus Petersilie, Schnittlauch, Lorbeer und Thymian]
Salz
Pfeffer
30 bis 50 g Butter

• Die Rücken in einem Bräter gemeinsam mit den Knochen und der Zwiebel anbraten.
• Im sehr heißen Ofen 15 bis 20 min garen.
• Sobald sie gar sind, die Rücken aus der Röhre ziehen und ruhen lassen.
• Den Bräter entfetten, die Knochen mit Weißwein und der glei- chen Menge Wasser aufgießen.
• Das Bouquet garni, den Knoblauch und die Koriandersamen zugeben.
• Langsam auf die Hälfte einkochen lassen.
• Die Sauce durch ein Spitzsieb streichen, die Butter nach und nach einarbeiten, kurz vor dem Auftragen die Basilikumblätter zufügen.
• Die Rücken in zwei Teile schneiden.
• Dieses Gericht kann mit weißen (Sorte "Coco") oder grünen Bohnen serviert werden.

Es ist erfrischend und schnell zubereitet. Zudem hat es einen sehr ausgeprägten Ge-schmack. Ein roter Côtes-du-Rhône, Coteaux-des-Baux, Château Romarin ergänzen es ausgezeichnet.

HASENPFEFFER

Für 6 Bis 8 PERSONEN

1 Hase
1 Liter guter Rotwein
(Gigondas oder Châteauneuf-du-Pape)
2 Karotten
2 Zwiebeln
6 Knoblauchzehen
1 Stange Staudensellerie
3 Gewürznelken
6 Wacholderbeeren
3 Esslöffel Mehl
Thymian, Lorbeer
Olivenöl
Salz, Pfeffer
Beilage
150 g kleine Silberzwiebeln
150 g frisch gepökeltes Schweinefleisch
(Petit Salé)
200 g Champignons

• Den Hasen in große Stücke schneiden, die Leber beiseite stellen, nachdem Sie die Galle entfernt haben, das eventuell im Innern noch vorhandene Blut auffangen.
• Die zu marinierenden Stücke zu den Zwiebeln, den Karotten, dem gewürfel- ten Sellerie, dem Knoblauch, den Gewürznelken, dem Wacholder, dem Thymian und dem Lorbeer geben. Alles mit Wein bedecken. Kühl stellen und einen Tag in der Marinade ziehen lassen.
• Am nächsten Tag die Marinade von den Stücken abtropfen lassen, Marinade aufbewahren. In einer großen Kasserolle das Gemüse mit dem Olivenöl anbraten und in einer Pfanne die Hasenstücke anbräunen. Zu dem Gemüse in die Kasserolle geben.
• Das Mehl hinzugeben, alles gut umrühren, die Wein-Marinade zugeben, salzen und pfeffern und 2 Stunden bei geringer Hitze kochen lassen.
• In der Zwischenzeit die Leber fein hacken und mit dem verbliebenen Blut mischen.
• Nach dem Garen die Stücke herausnehmen und die Soße abschmecken. Sollte die Soße noch etwas zu sauer sein, noch einmal einige Minuten aufkochen.
• Außerdem eine Beilage zubereiten: 150 g kleine, leicht angegarte und gebräunte Silberzwiebeln, 150 g in kleine Würfel geschnittene Petit Salé, blanchiert und gebraten, damit sie schön knusprig sind, 200 g geviertelte Champignons, ähn- lich groß wie die kleinen Zwiebeln.
• Geben Sie diese als „Grand-mère“ bezeichnete Beilage zu den Hasenstücken. Im letzten Moment die Leber und das Blut zur Soße hinzugeben, die dadurch abbindet und eine schöne schwarze Farbe erhält. Über die Stücke geben und das Ganze leicht erhitzen.
• Achten Sie darauf, dass das Ganze nicht kocht, da das Blut ansonsten kleine Klümpchen bildet, was sehr unvorteilhaft wäre. Reichen Sie zu diesem wundervollen Gericht in Dampf gegarte Kartoffeln oder frische Nudeln.

Zum Kochen verwendet man am besten junge Hasen mit einem Gewicht von 2,5 bis 3 kg. Für den Hasenpfeffer sind dagegen Hasen, die über ein Jahr alt sind und 4 bis 5 kg wiegen, fast noch besser geeignet.

GEBRATENES REBHUHN IN KOHL CHARTREUSE

Für 4 Personen

2 Rebhühner
1 Grünkohl/Wirsing
2 Zwiebeln
2 Karotten
100 g frisch gepökeltes Schweinefleisch (Petit Salé) in Würfeln
5 Knoblauchzehen

• Den Kohl vierteln. Den Strunk in der Mitte entfernen und die dunkelgrünen Blätter beiseite legen. Die hellen Blätter mit den dünnen Zwiebel- und Karottenscheiben und dem angeschwitzten Petit Salé langsam schmoren. Im Ofen bei 130-150 °C (Thermostat 4-5) 2 Stunden garen lassen.
• Die Rebhühner mit den Knoblauchzehen braten, 5 Minuten auf jedem Flügel und 5 Minuten auf dem Rücken. Die Rebhühner gute 10 Minuten ruhen lassen, von den Knochen lösen, das Rebhuhnfleisch in dem fetten Saft, den das Geflügel gezogen hat, beiseite stellen. Sollten die Keulen noch etwas rosa sein, können sie noch einmal leicht gegrillt werden.
• Die Karkasse brechen und davon einen guten Sud herstellen. Hierzu die Karkasse anbraten und dann mit Wasser bedecken. Kochen lassen, bis die Flüssigkeit zur Hälfte reduziert ist, den Sud durch ein Sieb geben und beiseite stellen.
• In der Zwischenzeit mit Hilfe eines 3 bis 4 cm hohen Rings mit einem Durchmesser von 5 cm eine Kohl-Chartreuse herstellen. Die Formen mit den dunkelgrünen Kohlblättern auskleiden. Langsam im 150 bis 160 °C (Thermostat 5-6) heißen Ofen schmoren
• In der Mitte des Tellers oder der Platte das Rebhuhnfleisch anrichten, die Keulen und die Chartreuse an der Seite und den heißen Sud rundherum.

Hierzu passt ein guter Châteauneuf-du-Pape oder ein roter Gigondas.

ENTENKEULEN MIT STEINPILZEN

Für 6 Personen

6 Entenkeulen
1,5 kg Steinpilze
1 Schalotte
2 Knoblauchzehen
50 cl hellen Fond oder Hühnerbrühe
150 g Butter
Petersilie
Salz, Pfeffer

• Die Entenkeulen in einem Schmortopf anbraten.
• Von jeder Seite schön anbräunen. Das Fett abschöpfen und die fein gehackte Schalotte und den Knoblauch hinzugeben.
• Sobald alles schön braun ist, den hellen Fond angießen und kochen lassen, bis er vollständig reduziert ist.
• Die Steinpilze in einer Pfanne braten und abtropfen lassen. Den Saft, den sie ziehen, auffangen und beiseite stellen. Ein zweites Mal in der Pfanne braten. Salzen und pfeffern. Sie müssen eine schöne Farbe bekommen.
• Den Steinpilzsaft zu den Entenkeulen in den Schmortopf geben.
• Auf die Hälfte reduzieren und die Butter beimischen.
• Im letzten Moment die Steinpilze und die gehackte Petersilie hinzugeben.
• Das Ganze gut erhitzen und mit einem guten Glas Gigondas servieren.

DAZU EMPFIEHLT SICH EIN FOIE GRAS

Für 4 Personen

4 Perlhuhnbrüste (mit kontrollierter Herkunftsbezeichnung aus dem Département Drôme)
200 g Foie gras
1 Glas Portwein
1 l heller Hühnerfond oder Hühnerbrühe
1 Zwiebel
3 Knoblauchzehen
1 Karotte
100 g Butter
Salz
Pfeffer

• Die Perlhuhnbrüste auf die Arbeitsplatte legen und den fei- nen Nervenstrang aus dem Filet entfernen.
• Die Brüste vollständig entbeinen und die Flügelspitzen für die Sauce aufbewahren.
• Die Fleischstücke etwas flach klopfen und mit Salz und Pfeffer würzen.
• Das Foie gras-Stück in vier gleiche Teile à 50 g schneiden. Die Stücke vorsichtig zu Rollen formen und in die Perlhuhnbrüste einrollen. Eng mit Frischhaltefolie umwickeln.
• Diese Rollen je nach Größe 30 bis 40 Minuten im Hühnerfond pochieren. Die Flüssigkeit darf nicht kochen.
• Währenddessen die Sauce vorbereiten. Hierzu die Flügelspitzen und Parüren in einem großen Schmortopf gold- braun anbraten. Die klein gehackte Zwiebel, den gepressten Knoblauch und die gewürfelten Karotten hinzufügen und anbräunen, ohne dass der Bratensatz anbrennt.
• Fett abschöpfen und den Bratensatz unter Rühren mit dem Portwein löschen. Die Flüssigkeit etwas einkochen lassen und anschließend soviel Hühnerfond angießen, bis die Knochen knapp bedeckt sind. 30 Minuten kochen lassen und das aufsteigende Fett regelmäßig abschöpfen. Die Sauce durchseihen und anschließend bei schwacher Hitze um die Hälfte einkochen lassen.
• Die gekochten Perlhuhnbrüste aus der Frischhaltefolie lösen und auf einem großen Servierteller anrichten.
• Die Sauce kurz vor dem Servieren abschmecken und vorsich- tig 100 g Butter unterziehen. Über die Perlhuhnbrüste gießen.

Zu diesem Gericht passen Reis oder Dinkel.

LAMMRIPPEN BRATEN MIT ZUCCHINI UND TOMATEN

Für 6 Personen

2 Rippenstücke vom Lamm von jeweils 1 bis 1,2 kg (es ist ratsam sie beim Schlachter vorzubestellen, wobei die Knochen unbedingt mit dabei sein sollten, die Sie für den Bratensud brauchen)
6 Zucchini
8 Tomaten
3 Zwiebeln
8 Knoblauchzehen
Thymian
Lorbeer

• Aus den Lammknochen einen Fond herstellen: im Ofen gut anbräunen, gemeinsam mit dem Knoblauch, den Zwiebeln, dem Thymian und dem Lorbeer in einen Topf geben.
• 2 Stunden auf kleiner Flamme köcheln lassen, durch ein Spitzsieb seihen und weiter einkochen lassen, wobei ständig der Schaum abgeschöpft wird.
• In der Zwischenzeit das Gemüse zubereiten. Die Zucchini und Tomaten in 1 cm dicke Streifen schneiden. Eine ofenfeste Form mit gehackten Zwiebeln auslegen, mit Thymian bestreuen, Lorbeerblätter und zerdrückten Knoblauch darauf verteilen.
• Schließlich die Zucchini- und Tomatenstreifen abwechselnd dicht auslegen. Mit ein wenig Olivenöl beträufeln und in den heißen Ofen (ca. 150 bis 160 °C) schieben. Mit Alufolie und einem Deckel dicht verschließen, damit sich die Aromen der verschiedenen Zutaten gut mitein-ander vermengen und 2 Stunden garen lassen.
• Eine Stunde vor dem Essen die Lammrippenstücke im sehr hei- ßen Ofen (180 bis 200 °C) braten. 20 min sind ausreichend. Das Fleisch sollte schön rosig sein.
• Die Rippenstücke ruhen lassen (damit sich die Säfte verteilen können) und kurz vor dem Servieren gemeinsam mit den Zucchini und Tomaten und mit dem Fond begossen aufwärmen.

SCHMORBRATEN NACH AVIGNON-ART

Für 6 Bis 8 Personen

1 ausgelöste Lammkeule von 1,6 kg
250 g Bauchspeck
250 g fetter Speck
10 cl Öl (auf 1 l Wein)
4 Karotten
6 Knoblauchzehen
5 Zwiebeln
Thymian
Lorbeer
Petersilie
1 Bund Sellerie Orangenschale getrocknet
Thymian- und Lorbeerpulver

• Schneiden Sie eine parierte Lammkeule in große Würfel von jeweils ca. 90 g Gewicht.
• Ziehen Sie durch jeden dieser Würfel in Faserrichtung einen Speckstreifen, der zuvor in Kräutersalz gewendet wird.
• Die Stücke 2 Stunden lang mit: 10 cl Öl pro Liter Wein, klein- geschnittenen Karotten und Zwiebeln, 4 Knoblauchzehen, Thymian, Lorbeer, Petersilienwurzel, 1 Selleriestange einlegen.
• 3 gehackte Zwiebeln mit 2 zerdrückten Knoblauchzehen vermengen.
• 250 g feingewürfelten Bauchspeck blanchieren.
• 250 g fetten Speck in 2 x 2 cm große Würfel schneiden, blan- chieren.
• Einen Petersilienstrauch binden, in den eine getrocknete Orangenschale eingefaßt wird.
• Boden und Seitenwände einer Terrine mit dünnen Speckstreifen auskleiden, die Keulenstücke in Lagen abwech- selnd mit Zwiebeln, Bauch- und fettem Speck schichten. Jede Fleisch-lage mit gemahlenem Thymian und Lorbeer bestreuen.
• Das Kräutersträußchen etwa in der Mitte der Terrine einfü- gen. Jede Lage leicht würzen.
• Mit der durch das Spitzsieb geseihten Marinade benetzen, die Terrine hermetisch mittels eines aus Mehl und Wasser gek- neteten Teigrands verschließen, der zwischen Terrinenrand und Deckel eingefügt wird, damit der Dampf nicht entweichen kann.
• Zunächst auf dem Herd erhitzen, dann 5 Stunden lang bei sehr gleichmäßiger, milder Hitze im Ofen schmoren lassen.
• Zum Servieren den Deckel abheben, den Speck und das Kräutersträußchen entfernen, die Sauce entfetten.
• Der Schmorbraten wird so wie er ist in der Terrine serviert.
• Es handelt sich um ein zeitaufwendiges Rezept, das die Alten einst im Kamin zubereiteten. Wenn Sie indes bereit sind, ein wenig Zeit und viel Liebe für ein solches Saucengericht zu opfern, so wird Ihnen dieses Rezept besonders großes Vergnügen bereiten.

Das Gericht verdient einen Jahrgangs-Wein, einen roten Côtes-du-Rhône. Sie können denselben Wein servieren, den Sie zum Kochen verwendet haben.

PFOTEN UND PÄCKCHEN

Für 10 Personen

12 Lammfleischpäckchen (“Paquets”)
6 Lammpfoten
1 Paprikaschote
1 kg Tomaten
200 g Karotten
300 g Zwiebeln
1 l Weißwein

Als Getränk empfehle ich einen leichten roten Côtes-du-Rhône: Domaine de la Remejeanne von Madame und Monsieur Klein, Winzer, die, wie ich auch, von einer Leidenschaft für ihren Beruf gepackt sind.

• Die Päckchen bestehen aus Lammkutteln, die mit einem großen Würfel Pökelfleisch und einer Persillade [Mischung aus gehackter Petersilie und Knoblauch] gefüllt, in dreieckige Stücke geschnitten, aufgerollt und mit Küchengarn festgeschnürt werden. Ich rate Ihnen, sie von Ihrem Metzger zubereiten zu lassen.
• Das Gemüse mit ein wenig Olivenöl anschwitzen. Sobald es leicht gebräunt ist, die Lammpäckchen zugeben und darauf die Lammpfoten legen.
• Zuletzt die Tomaten dazugeben, salzen, pfeffern und würzen.
• Mit 1 Liter guten Weißwein ablöschen und mit Wasser auffüllen.
• 6 Stunden bei milder Hitze garen.
Die Päckchen und die pfoten beiseite stellen, sobald sie gar sind.
• Die Sauce weiter kochen, damit sie ihre Säure verliert. Dieses Gericht serviert man heiß und mit Salzkartoffeln als Beilage.

Es gehört zu den großen provenzalischen Gerichten. Es ist ein echtes Fest, wenn eine Familie dieses Gericht zubereitet. Häufig dient es als Vorwand, um eine große Zahl Gäste einzuladen: Es handelt sich um ein Gericht, das man mit Vielen teilt.

RINDERBACKE

Für 6 Personen

1,2 kg Rinderbacke
100 g Karotten
100 g Zwiebel
200 g Schalotten
150 g Silberzwiebeln
150 g Champignons
150 g Knoblauch
1 Liter Châteauneuf-du-Pape Mehl
Kräutersträußchen

• Die Rinderbacken von Nervenund Fett befreien und anschließend inder Pfanne anbraten. Beiseite stellen.
• Die gestifteten Karotten, die in dünne Scheiben geschnittenen Zwiebeln, die Schalotten und die halbierten Knoblauchzwiebeln anbraten. Die Rinderbacke hinzugeben und dann mit Mehl bestäuben.
• DenChâteauneuf-du-Papehinzugießenund mitWasserauffüllen,bisdasGanze bedeckt ist, das Kräutersträußchen hinzugeben und bei 150 °C (Thermostat 5) für 4 Stunden in den Ofen schieben.
• Nach dem Garen die Fleischstücke entnehmen, die Soße passieren und dann reduzieren, bis sie leicht dick ist.
• Die zuvor braun gegarten, kleinen Zwiebeln, sowie die gebratenen Champignons hinzugeben.
• Gut heiß über das Fleisch geben.

Zu diesem Gericht passt ein Kartoffelpüree nach Hausfrauenart oder Nudeln, denn die Soße ist sehr würzig. Reichen Sie hierzu einen Châteauneuf-du-Pape.

TOMATEN AUF PROVENZALISCHE ART

Für 6 Personen

Olivenöl
Gehackte Petersilie
Semmelbrösel
10 gehackte Knoblauchzehen
1,5 kg Tomaten

- Tomaten längs halbieren und die Kerne entfernen. Auf einer ofen- festen Platte anrichten.
- Aus Knoblauch, gehackter Petersilie und Semmelbröseln eine Persillade herstellen.
- Die Persillade über die Tomaten geben.
- Die Tomaten mit Olivenöl beträufeln.
- In den vorgeheizten Backofen schieben, je nach Größe der Tomaten 10 bis 15 min garen.
- Den überschüssigen Bratensaft, der sich auf der Platte angesam- melt hat, einkochen lassen. Einige Spritzer Essig zugeben.

Dieser Sud paßt ausgezeichnet zu Ihren provenzalischen Tomaten.

Es handelt sich um ein sehr einfaches Rezept. Während der Saison steht in den provenzalischen Haushalten immer ein auf diese Weise zubereitetes Tomatengericht bereit. Man kann es kalt oder warm essen. Heiß, paßt es gut zu gegrilltem Lammfleisch.

Ich empfehle Ihnen zu diesem Gericht einen Tavel, ein sehr gut strukturierter Rosé-Wein, der sehr gut dazu paßt.

RUNDE GEFÜLLTE NIZZA-ZUCCHINI

Für 6 Personen

6 runde Zucchini à 80 Bis 100 g
1 gehackte Zwiebel
2 gehackte Knoblauchzehen
30 g Majoran
2 Eigelbe
2 Esslöffel Crème double
Olivenöl

• Ein Drittel der Zucchini vom Stielansatz her abschneiden. Mit einem Löffel aus- höhlen (vorsichtig, um die Wand nicht zu zerstören). Mit den Deckeln in Salzwasser blanchieren.
• In der Zwischenzeit die Zwiebel mit etwas Olivenöl anschwitzen. Wenn sie beginnt, glasig zu werden, das Zucchinifleisch und den Knoblauch hineingeben und sanft köcheln lassen, bis die Masse eingekocht ist. Oft umrühren, damit eine püreeartige Masse entsteht. Den Rahm hinzufügen.
• Noch etwas, bis fast auf die Hälfte, einkochen lassen. Abkühlen lassen, die beiden Eigelbe unterziehen und nachwürzen. Den gehackten Majoran hinzufügen.
• Die gut mit einem Tuch oder Küchenpapier abgetrockneten Zucchini füllen. Die Deckel aufsetzen und im Ofen bei 160 °C (Thermostat 5-6) backen. Mit Öl beträu- feln und 2 bis 2,5 Stunden im Backofen backen. Die Füllung ist gar, wenn sie die Konsistenz eines Flans hat.

Sowohl heiß mit einer Kräuter-Vinaigrette oder auch kalt ein Genuss. Auch als Beilage zu großen Fleischstücken, wie zum Beispiel Rumpsteak, geeignet.

ZUCKERERBSENRAGOUT MIT SPECK

Für 6 Personen

1 kg Zuckererbsen
100 g frischer gewürfelter Speck
2 Zwiebeln
4 Knoblauchzehen
50 cl Rinderbratensaft
5 cl Olivenöl
50 g eingelegte Tomaten Salz, Pfeffer

• Den Speck und die gehackten Zwiebeln mit Olivenöl andünsten. Knoblauch und Zuckererbsen mit 50 cl Rinderbratensaft „Chef" hinzufügen und bei schwa- cher Hitze 10 Minuten köcheln lassen. Salzen und pfeffern.

• Die Zuckererbsen in die Mitte einer Platte geben und den Rinderbratensaft mit den eingelegten Tomaten ringsherum anordnen.

ARTISCHOCKEN EN BARIGOULE* MIT BASILIKUM

Für 6 Personen

12 violette Artischocken
2 Karotten
2 Zwiebeln
4 Knoblauchzehen
1 Stange Bleichsellerie
1 Bund Basilikum
100 g Pökelfleisch
Olivenöl
Thymian
Lorbeer
heller Fond

• Als Getränk empfehle ich Ihnen einen roten Ventoux, Château La Croix-des-Pins von Monsieur Avon.
• Die Artischocken umdrehen und die harten äußeren Blätter mit einem kleinen scharfen Messer entfernen.
• Obere zarte Artischockenblätter bis auf Höhe des Heus stutzen und beiseite stellen.
• Das Heu mittels eines kleinen Löffels aus den Artischocken herausschaben.
• Karotten, Zwiebeln, Bleichsellerie und Pökelfleisch klein schneiden.
• Die zarten Blätter und die Artischockenböden in dünne Scheiben schneiden.
• Das kleingeschnittene Pökelfleisch anschwitzen, bis es leicht gebräunt ist. Karotten, Zwiebeln und Artischockenblätter zugeben und dünsten, bis alle Flüssigkeit verkocht ist.
• Mit ein wenig hellem Fond bis zur Hälfte bedecken.
• Je nach Größe 5 bis 10 min garen.
• Einige Stunden ruhen lassen.
• Wenn nach der Garzeit noch zuviel Flüssigkeit vorhanden ist, soll- ten Sie diese ein wenig einkochen lassen und abschmecken. Einige Tropfen Olivenöl und das gehackte Bund Basilikum zugeben.
• Heiß servieren.

Dieses Gericht kann auch kalt mit einer Vinaigrette gereicht werden, für die gut eingekochter Sud ver- wendet wird. Es ist eine passende Beilage für zahl- reiche gegrillte Fischgerichte.

**Barigoule : Vom provenzalischen Wort „Barigoul“ abgeleitet, bezeichnet dieser Begriff Wiesenchampignons oder auch andere Pilze.*

RATATOUILLE

Für 8 Personen

6 Zucchini
2 Zwiebeln
3 grüne Paprikaschoten
6 Tomaten
3 Knoblauchzehen
4 Auberginen
1 großes Bouquet garni

• Zucchini würfeln aber nicht schälen.
• Zwiebeln schälen und in Scheiben schneiden.
• Paprikaschoten putzen, Stiel und Kerne entfernen und würfeln.
• Tomaten abziehen, vierteln und die Kerne entfernen.
• Knoblauch zerdrücken.
• Auberginen in Scheiben schneiden und dann grob würfeln.
• Auberginen und Zucchini in einer Pfanne anbraten. In ein Sieb geben und das überschüssige Öl abtropfen lassen.
• Paprikaschoten in reichlich sprudelndem Wasser blanchieren.
• Zwiebeln anschwitzen und ganz leicht bräunen.
• Alles miteinander vermengen (Zwiebeln, Tomaten, Auberginen, Zucchini, Paprikaschoten, und zuletzt Knoblauch).
• Das Bouquet garni zugeben und kurz aufkochen lassen.
• Salzen, Pfeffern und es kann serviert werden.

Ratatouille, das berühmte provenzalische Gericht, kann heiß oder kalt genossen werden. Es ist traditionell üblich, das Gemüse nicht zu schälen. Die Schale birgt Ge-schmacksstoffe und verhindert das Zerfallen des Gemüses. Selbstverständlich sollte man das Gemüse gut waschen und möglichst frische Ware von provenzalischen Wochen-märkten verwenden.

TORTE MIT PINIENKERNEN

Für 6 Bis 8 Personen

Tortenboden aus süßem Teig
100 g Zucker
100 g Butter
400 g Pinienkerne
25 cl Crème double

- Helles Butterkaramel herstellen. Die Pinienkerne zugeben.
- Aufkochen und mit der Crème double ablöschen. Auf den Tortenboden gießen. Im Ofen ausbacken.
- Bei dieser typischsten aller provenzalischen Torten, können die Pinienkerne auch durch Mandelstifte ersetzt werden. Sie bleibt mindestens zwei Tage lang schön saftig.

Ich empfehle Ihnen zu diesem Gericht einen abgelagerten Jahrgangs-Wein Muscat de Beaumes de Venise aus der Kellerei der Winzergenossenschaft.

FRITTIERTE PLÄTZCHEN

Für 6 Personen

1 kg Mehl
40 g Zucker
3 geriebene Orangenschalen
2 geriebene Zitronenschalen
1 cl Erdnussöl
Saft einer Orange
125 g aufgelöster Zucker
3 Eier
Puderzucker

• Mehl, Zucker, Eier, Orangensaft, Zitronen- und Orangenschalen miteinander vermischen und zu einem homogenen Teig verarbeiten. Anschließend die geschmolzene Butter hinzufügen.
• Den auf diese Weise zubereiteten Teig dünn ausrollen. Rechtecke ausschneiden und in dem heißen Öl frittieren. Auf Küchenpapier abtropfen lassen.
• Das Gebäck nach dem Frittieren und Abtropfen mit Puderzucker bestäuben.

PROVENZALISCHE SCHIFFCHEN

Für 6 Personen

750 g Mehl
375 g Kristallzucker
65 g Butter
3 Eier
Schale von 1 Zitrone
Salz

• Eine Vertiefung in das Mehl drücken und den Zucker, die weiche Butter, die Zitronenschale, ein Prise Salz und die Eier hinzugeben. 10 cl Wasser untermen- gen, um einen homogenen Teig zu erhalten.
• Rollen in der gewünschten Größe der Schiffchen formen. In Scheiben schnei- den und oval, spitz zulaufend, wie kleine Boote formen.
• Auf ein gefettetes Blech legen. Jedes Schiffchen in der Mitte einkerben und 1 Stunde ruhen lassen. Mit Eigelb bestreichen.
• Bei mittlerer Hitze im Ofen backen, bis die Schiffchen goldbraun sind.

CROQUANTS

Für 8 Bis 10 Personen

400 g Mehl
250 g ganze ungeschälte Mandeln
125 g Puderzucker
4 Eier
Salz

- Mehl, Zucker und Mandeln vermischen. Die Eier unterrühren.
- Kleine Teigrollen von 20 mm Durchmesser formen.
- 15 min bei 180 °C im Ofen ausbacken.
- In Scheiben schneiden, solange sie noch heiß sind.

Dieser trockene Kuchen wird zum Kaffee gegessen. Es ist ein Kuchen, den alle Großmütter im Schrank bereithalten.

FOUGASSE (PROVENZALISCHE BROTSORTE)

Für 6 Personen
125 g + 325 g Mehl 150 g Zucker
10 cl Olivenöl
1 Orange
1 Zitrone
20 g Bäckerhefe
1 Eigelb
2 Esslöffel Orangenwasser

• Am Vorabend einen Hefeteig mit 125 g Mehl, der Hefe und 8 cl Wasser zube- reiten.
• Den Hefeteig über Nacht gehen lassen.
• Am nächsten Tag die Orangen- und Zitronenschalen abreiben. 325 g Mehl in eine Schüssel geben und eine Vertiefung eindrücken. Anschließend Zucker, Salz, Öl und Orangenwasser in die Vertiefung geben. Mit dem Hefeteig verkneten, bis ein homogener Teig entstanden ist. Ca. 30 Minuten gehen lassen.
• Den Teig anschließend kräftig auf die Arbeitsplatte schlagen, damit die Gärungsgase entweichen.
• Teig 1 cm dick ausrollen. Rechtecke ausschneiden und diese in der Mitte mit einem Messer einschneiden.
• Bei 180 °C (Thermostat 6) 20 Minuten im Ofen backen.

Ein provenzalisches Rezept par excellence, das bei keiner traditionellen Weihnachtsfeier fehlen darf.

GEFRORENER NOUGAT MIT PROVENZALI- SCHEM HONIG

Für 4 Personen

125 g Mandelblättchen
50 g Haselnüsse,
25 g Pistazienkerne
200 g Zucker,
100 g Smyrna-Rosinen,
75 cl Schlagsahne
350 g Honig,
75 g Traubenzucker
250 g Eiweiß

• Mandelblättchen, Haselnüsse und Pistazienkerne rösten.
• 150 g Zucker zu Karamel zergehen lassen und die Mandelblättchen zugeben.
• Auf eine Platte gießen und erkalten lassen.
• Zu Pulver zerstampfen und die gehackten Nüsse und Pistazienkerne zugeben.
• Sahne steif schlagen.
• Die Honig-Baisermasse herstellen, indem Honig, Traubenzucker und 50 g Zucker auf 120° C erhitzt werden. Eiweiß steif schlagen (es muß sehr fest stehen!) und den gekochten Honig zugeben. Bis zum völligen Erkalten mischen. Die Rosinen zufügen.
• Mit der Schlagsahne vermischen.
• In das Gefrierfach stellen.

BLÄTTERTEIGTASCHEN MIT QUITTEN

Für 4 Personen

4 reife Quitten Blätterteig
4 Esslöffel Apfelkompott
1 Eigelb

Für die Zuckerlösung
1 l Wasser
750 g Zucker

• Wasser und Zucker zum Kochen bringen und die ganzen, ungeschälten Quitten kochen. In der Zuckerlösung erkalten lassen.
• Währenddessen den Blätterteig 3 mm dick ausrollen und vier runde Teigplatten mit einem Durchmesser von 20 cm ausschneiden.
• Das Kerngehäuse der Quitten entfernen und die Früchte mit der Schale würfeln.
• Das Apfelkompott auf den Teigplatten verteilen und die Quitten darauf legen.
• Die Teigplatten in der Mitte umschlagen und mit verquirltem Eigelb verschließen.
• Mit dem restlichen Eigelb bestreichen.
• Mit einer Gabel einstechen und im vorgeheizten Backofen 20 Minuten bei 180°C backen.

Die Blätterteigtaschen schmecken am besten lau- warm.

TABLE DES RECETTES

Sébastien Merdrignac dankt den Keramikkünstlerinnen Margot Lhomme und Anne Huet Rapeaud.

Ebenfalls im Verlag Editions Ouest-France erschienen:

Editions OUEST-FRANCE
Lille - Rennes

Editeur : Jérôme Le Bihan • Coordination éditoriale : Isabelle Rousseau
Collaboration éditoriale : Cécile Fourré
Création graphique et mise en page : Studio graphique des Editions Ouest-France, Rennes (35)
Photogravure : graph&ti, Cesson-Sévigné (35)

I.S.B.N. 978-2-7373-6680-2 • N° d'éditeur : 7784.01.1,5.04.15
Impression : Loire Offset Titoulet, Saint-Etienne (42)